¿Por qué mi propiedad no se vendió?

WWW.SOLDBYCARRASCO.COM

Derechos de autor © 2018 Luis Carrasco
Todos los derechos reservados.
ISBN: 9781797588056

WWW.SOLDBYCARRASCO.COM

PARA MI ESPOSA
GRACIAS PEDAZO POR CREER SIEMPRE EN MI,
¡¡TE QUIERO!!

WWW.SOLDBYCARRASCO.COM

CONTENIDO

	Introducción	viii
	Descargo de responsabilidad	ix
1	¿Por qué está vendiendo?	Pág. 1
2	Limpieza de su casa	Pág. 4
3	Reparaciones y mejoras	Pág. 6
4	Atractivo Exterior: Curb Appeal	Pág. 9
5	Puesta en escena: Home Staging	Pág. 11
6	Divulgaciones: Disclosures	Pág. 13
7	Vivienda justa: Fair Housing	Pág. 15
8	Valoración de su propiedad	Pág. 17
9	Formas de vender su propiedad	Pág. 22
10	Muestra de la propiedad	Pág. 26

WWW.SOLDBYCARRASCO.COM

11	Anunciar la propiedad: Marketing your property	Pág. 30
12	Elegir una oferta	Pág. 33
13	Análisis del contrato	Pág. 36
14	Venta de condominios	Pág. 43
15	Venta de terrenos	Pág. 48
16	Vender y comprar al mismo tiempo	Pág. 56
17	Mercado de vendedores o compradores	Pág. 59
18	¿Por qué mi propiedad no se vendió?	Pág. 61
	Glosario	Pág. 65
	Acerca del Autor	Pag. 73

Introducción

Cuando mi esposa y yo listamos nuestra propia casa para la venta, yo aun no tenía una licencia de bienes raíces. No estaba al tanto de cómo funcionaba ese proceso. No sabía qué reparaciones o mejoras podrían hacer nuestra casa más atractiva para los compradores. El fracaso en la venta de nuestra casa nos dejó frustrados, e inseguros del por qué la propiedad no se vendió.

Este libro es mi forma de ofrecer a los vendedores una guía básica sobre qué debe tener en cuenta al vender su casa. El objetivo principal es el de ayudarle a entender por qué su propiedad no se vendió. También le ayudará a comprender las negociaciones y a estar informado durante todo el proceso de venta. La típica venta de propiedades esta llena de retrasos inesperados y de posibles rupturas en cada giro de la transacción. El estar preparado le ayudará a mejorar las probabilidades de tener una venta exitosa de su propiedad.

Si vive en el área metropolitana de Phoenix AZ, y está interesado en un análisis personalizado del por qué su casa no se vendió, no dude en comunicarse conmigo directamente a:

Luis Carrasco
Re/Max Professionals
soldbycarrasco@gmail.com
(602) 643-8224

WWW.SOLDBYCARRASCO.COM

Descargo de Responsabilidad

Este libro no es un asesoramiento legal. El propósito es proporcionar los conceptos básicos, esenciales de la venta de una casa, y posibles respuestas por las cuales una propiedad no se vende. El libro está enfocado hacia los propietarios de casa en Estados Unidos. Algunos conceptos incluyen la traducción original en inglés. Cada venta es diferente y el lector debe buscar asesoría legal de su abogado o aclaraciones de su agente de bienes raíces con respecto a preguntas o inquietudes sobre la venta de su propiedad.

WWW.SOLDBYCARRASCO.COM

x

Capítulo 1

¿POR QUÉ ESTÁ VENDIENDO?

Antes de comenzar a pensar en un precio o a elegir un agente, necesita responder esta pregunta. La respuesta lo ayudara a formar una estrategia a seguir, en la venta de su propiedad.

Razones comunes para la venta
Hay varios tipos de vendedores y detrás de cada uno de ellos hay diferentes razones.

Reducción de espacio
Hay varias razones por las que los propietarios buscan reducir el espacio. Tal vez los hijos han abandonado el nido y el tener una casa grande ya no es una prioridad. Otra razón podría ser reducir los costos de los servicios públicos, los impuestos, etc. Generalmente, cuanto más grande es la vivienda, más altos son los impuestos y gastos de mantenimiento.

Una casa más grande
La posibilidad de comprar una casa más grande es una de las razones más comunes de un dueño de casa. El vendedor puede usar el dinero de la venta de la propiedad, y usarlo para calificar para una casa más

grande. El vendedor debe establecer si está buscando vender y comprar simultáneamente o si planea alquilar un lugar mientras busca su nuevo hogar.

Reubicación de trabajo
Los propietarios necesitan considerar si desean alquilar, o vender la casa cuando tienen que moverse por cuestiones de trabajo. Ambas opciones tienen sus ventajas y desventajas. Si el vendedor aún está haciendo pagos, él/ella debe determinar por cuánto tiempo puede soportar la carga financiera de hacer dos pagos en su hogar y en su nueva vivienda.

Problemas financieros
Los propietarios con problemas financieros pueden utilizar el capital de la venta de su vivienda para liquidar sus obligaciones financieras, o eliminar los pagos de la hipoteca. Los vendedores que atraviesan problemas financieros necesitan establecer un plazo de tiempo para vender su casa y tomar la iniciativa para anticipar cualquier obstáculo que pueda retrasar la venta.

Inversionistas a corto plazo (Flippers)
Estos vendedores están buscando vender su casa en el menor tiempo posible y al máximo precio. Son vendedores instruidos, conscientes de que cada mes que pasa tienen que pagar intereses financieros reduciendo así sus ganancias. Estos vendedores tienen el tiempo trabajando en su contra, cada día que pasa, es un dólar menos en ganancias.

Inversionistas a largo plazo
Este tipo de vendedores tienen una perspectiva a largo plazo del mercado y son muy prácticos sus decisiones. Los problemas comunes con estos vendedores son los inquilinos y los plazos de arrendamiento, que pueden reducir el numero de compradores

interesados en su propiedad.

Vendedores en la condición "tal y como está" (as-is Sellers)
Este tipo de vendedores, no les interesa hacer mejoras a su propiedad. Buscan vender su propiedad tal y como esta. Deben tener en cuenta que tienen que ser flexibles en las ofertas recibidas y conservadores a la hora de poner precio a la casa.

Vendedores Motivados
Este tipo de vendedores regularmente toman la iniciativa para preparar la propiedad en venta. Se esfuerzan para lograr que su propiedad esté en la mejor forma para obtener la mayor cantidad de dinero. Este tipo de vendedores están conscientes de que los pequeños detalles importan en la imagen que proyecta la propiedad.

Cada propietario de casa es diferente y no encajará perfectamente en estos tipos. Lo importante es que usted identifique, tanto como sea posible, sus razones detrás de la decisión de vender y trabajar con su agente para crear una estrategia que se ajuste a sus necesidades.

Capítulo 2

LIMPIEZA DE SU CASA

No hay mejor sensación que volver del trabajo y que este su casa limpia. Para un comprador esto no es diferente, realice una limpieza profunda y cuando tenga una cita para enseñar su casa, realice una limpieza rápida. El siguiente es un listado de las tareas de limpieza más comunes que puede hacer para aumentar el atractivo de su hogar.

- Acomode las cosas tiradas en su casa, esto hará que el espacio se vea más grande.
- Limpie el patio trasero, corte la maleza, ordene los cachivaches.
- Limpie los baños
- Lave todas las ventanas de ser posible.
- Empaque y almacene todas las ollas y sartenes voluminosos, esto hará que sus gabinetes se vean más grandes.
- Limpie el refrigerador, incluso si no está incluido en la venta.
- Lave las alfombras y tapetes
- Limpie las lámparas de luz
- Quite las telarañas.
- Mantenga limpias la barra y cubiertas de la cocina.

- Limpie la estufa por dentro y por fuera.
- Limpie los gabinetes.
- Limpie el microondas.

Consejos de limpieza para los días de visita

Cada vez que tenga cita para mostrar propiedad, es buena idea darle una manita de gato para causar una buena primera impresión. Siga estos consejos rápidos para hacer que su hogar se vea mejor.

- Limpie las cubiertas de los gabinetes.
- Mantenga fruta fresca a la vista.
- Guarde los platos sucios.
- Abra las cortinas, deje que entre la luz del sol.
- Limpie los baños.
- Cierre la tapa del inodoro.
- Mantenga las fotos personales al mínimo. Deje que el comprador se visualice en casa.
- Elimine las marcas de zapatos en los pisos.
- Mantenga el frente de la casa libre de vehículos, deje que el comprador aprecie la casa sin ningún obstáculo a la vista.
- Haga una barrida rápida de los pisos.
- Vacíe los contenedores de basura.

Capítulo 3

REPARACIONES Y MEJORAS

Cuando está vendiendo su casa, siempre está la duda de si invertir dinero en ella o venderla tal como está. No se puede generalizar la respuesta, cada situación es diferente. Trate de ser objetivo al realizar su decisión basándose en el costo de las mejoras contra el aumento de precio que obtendría la propiedad.

Reparaciones
Cuando esté listo para anunciar la venta de su casa, realice una auto inspección de esta. Cuando vivimos en una casa por varios años, comenzamos a desarrollar puntos ciegos; notamos una nueva gotera en el lavabo de la cocina, luego la ignoramos, tiempo después dejamos de verla por completo. Trate de ver su casa como lo haría un comprador por primera vez. Haga una lista de las reparaciones o imperfecciones visuales y asígneles un valor de prioridad.

Siempre está la pregunta de si vale la pena invertir dinero en reparaciones. Para grandes reparaciones, no hay una regla definida, cada situación es diferente y debe ser cuidadosamente analizada.

Una forma de tomar una decisión más fácil es mediante la

reparación de los detalles que sean más obvios y que afectarán la primera impresión de los compradores. Ocúpese de las puertas rotas, los agujeros o manchas en las paredes, las piezas de azulejo faltantes, las llaves de agua con fugas, las perillas rotas de las puertas, etc. Estas reparaciones harán que su hogar se vea habitable y sólido. Esto es lo que quiere transmitir a los posibles compradores.

Los elementos más costosos, como la calefacción, o el aire acondicionado, debe de considera el costo de reemplazarlos con la recuperación de estos gastos a la hora de vender. Si reemplazar la antigua unidad de aire acondicionado le costará $6000, podría evitar este gasto ofreciéndole al comprador un crédito de igual o menor valor al cerrar la venta. De esta manera usted no gasta el dinero por adelantado y podría ser un mejor convenio para usted.

Mejoras
¿Debería hacer que su casa se destaque por encima del resto de la competencia? Una vez más, el recuperar los costos invertidos debe ser uno de los factores determinantes en su decisión. Otro factor que considerar debe ser la rapidez con la que este mejoramiento lo ayudaría a vender su casa. El estado del mercado puede servir como guía en su decisión. En un mercado de vendedores, los compradores a menudo pasan por alto la estética en su afán por obtener una casa, mientras que, en un mercado de compradores, los vendedores necesitan hacer que sus casas se destaquen para vender rápido. Una vez más, analice detenidamente el estado del mercado, sus finanzas y si tiene sentido invertir en mejoras de la propiedad.

Adiciones
Seguimos con el mismo tema de costo vs recuperación de gastos, esté atento a los costos contra las ganancias. Hay ocasiones en las que agregar una habitación o un baño extra valdrá la pena. Pídale a su agente que realice comparaciones usando diferentes escenarios. Si

agregar una habitación adicional le traerá $30,000 adicionales y el costo de hacer la habitación es de $20,000, entonces podría ser una buena idea invertir en agregar la habitación adicional.

Usar contratistas con licencia o hacer el trabajo usted mismo
Cuando se trata de hacer grandes reparaciones o mejoras, es recomendable que utilice contratistas con licencia. Es posible que ofrezcan garantías transferibles al comprador, de esta manera minimizará las posibles responsabilidades o las traspasará a los contratistas en caso de que el trabajo sea deficiente. Si realiza el trabajo usted mismo, sea transparente, revele este hecho y deje que el comprador tome una decisión plenamente consciente.

Capítulo 4

ATRACTIVO EXTERIOR: *CURB APPEAL*

El *Curb appeal* como se le conoce en inglés, es el atractivo del exterior de una casa cuando es vista desde la calle. Ésta es la impresión inicial que el comprador tiene de su vivienda. Como dueño de casa, debe tener en cuenta las percepciones de los compradores y trabajar para crear una primera impresión positiva. Considere los gastos de mejorar el atractivo exterior con respecto al valor agregado a esta. Las siguientes tareas son las mas comunes para mejorar el *curb appeal* de su propiedad.

- Pinte el exterior.
- Pinte la puerta de entrada.
- Añada muebles para patio
- Cambie los números de la dirección de su casa, por números más grandes.
- Instale jardineras y agregue macetas de flores alrededor de los árboles.
- Reemplace su tapete de bienvenida.
- De un cambio a los accesorios de iluminación exterior. Reemplace/repinte o limpie.

- Repare las grietas grandes de los estacionamientos de concreto.
- Corte el césped con frecuencia.
- Agregue una cerca de madera: proporciona una sensación de privacidad.
- Mantenga enrollada la manguera de agua.
- Pinte la puerta del garaje.
- Pula los picaportes de las puertas.
- Pinte o reemplace el buzón de correo.
- Agregue adornos exteriores: bebederos para pájaros, esculturas de metal, móviles o campanas de viento, fuentes de agua.
- Lave a presión los caminos de concreto y las entradas.
- Limpie ramas u hojas del techo.
- Reemplace las tejas/tablillas faltantes del techo.

Capítulo 5

PUESTA EN ESCENA: HOME STAGING

La puesta en escena de la casa o *Home Staging* en inglés es decorar, reorganizar los muebles, emplear la iluminación y encontrar el mejor uso de cada habitación de la casa para venderla al mejor precio y en el menor tiempo.

Normalmente, la puesta en escena se usa en casas vacías para hacerlas más atractivas para los compradores, pero también puede ser usada en casas ocupadas para una mejor exhibición. Aunque es parecida a la decoración de casas, su único propósito está orientado a mejorar la comercialización de la casa, obtener un precio de venta más alto y reducir el tiempo de venta. La escenificación de una casa generalmente traerá más y mejores ofertas. El factor por considerar es su costo. Los vendedores de casas tienen diferentes opciones cuando se trata de escenificar una casa, pueden decorarla por sí mismos o contratar una empresa de montaje profesional para hacerlo. Los dos factores más importantes que considerar son el costo y el tiempo. Si el valor agregado de la casa justifica el costo de la puesta en escena, entonces podría ser una buena idea el montaje de la casa. Si va a utilizar una compañía para ello, manténgase al tanto de los costos, muchas compañías cobran una tarifa por la puesta en escena inicial y una tarifa mensual para cubrir los gastos de alquiler de los muebles o las obras de arte provistas.

Si está interesado en la puesta en escena de su casa, pero se desanima lo costoso, puede contratar a una compañía especializada para que solo lo asesore y le proporcione una lista de sugerencias. Usted puede implementarlas por su cuenta. Esto le permitirá ahorrar en gastos mensuales, mientras le da a su propiedad una ventaja sobre la competencia.

Capítulo 6

DIVULGACIONES: DISCLOSURES

Los vendedores de una propiedad tienen la obligación de proporcionar al comprador con las divulgaciones requeridas por la ley. Tenga en cuenta que cada estado, puede requerir divulgaciones especifica.

Es conveniente revelar cualquier problema o defecto de la casa temprano. Esto evita retrasos o tiempo perdido durante el proceso de venta. Con frecuencia el contrato de venta se cancela durante el periodo de inspección, debido a defectos que debieron ser divulgados con anterioridad.

Como regla general, los vendedores deben divulgar todos aquellos hechos materiales (*material facts*), sobre la propiedad. Los hechos materiales son aquellos que pueden afectar la toma de decisiones de un comprador. Las divulgaciones no se limitan al estado físico de la propiedad, también incluye hechos externos que puedan afectar su valor. Los siguientes ejemplos se pueden considerar hechos materiales; la construcción de una carretera, una cárcel, o un centro comercial cerca de la propiedad. Hay excepciones a esta regla y cada estado tiene diferentes divulgaciones específicas.

Tenga en cuenta que debe revelar los defectos que ya han sido corregidos. Por ejemplo, si el techo tenía una gotera hace años, y usted le pagó a alguien para que lo reparara, aunque ya haya sido corregida, debe revelar el hecho de que hubo una filtración en un momento determinado.

La divulgación no significa que usted deba reparar o solucionar los problemas pendientes, solo significa que está informando al comprador de ello para que pueda utilizar esa información para tomar una decisión de compra adecuada.

Pregunte a su agente de bienes raíces cuáles son las divulgaciones exigidas por la ley y evite futuros problemas financieros o legales.

Si está vendiendo de dueño a dueño, asegúrese de contar con la ayuda de un abogado de bienes raíces para ayudarlo con las divulgaciones apropiadas.

Capítulo 7

VIVIENDA JUSTA: FAIR HOUSING

Las leyes de Vivienda Justa, mejor conocidas como *Fair Housing* en Estados Unidos, existen para garantizar el derecho a elegir viviendas sin sufrir discriminación ilegal. Existen leyes de Vivienda Justa federales, Estatales y Locales diseñadas para proteger a las personas contra la discriminación en alquileres y ventas de viviendas.

Los vendedores de casas tienen la obligación y el requisito legal en virtud de las Leyes de Vivienda Justa de no discriminar en la venta de su propiedad por motivos de raza, color, religión, género, discapacidad, condición familiar o país de origen. Los vendedores de casas no pueden dar instrucciones a sus agentes representantes para que discriminen o seleccionen a los posibles compradores en función de estos factores. Además de estas leyes federales, los vendedores deben cumplir con las leyes estatales y/o locales que podrían agregar clases protegidas adicionales no cubiertas por las leyes federales. Si tiene dudas sobre cuáles son sus derechos, obligaciones y responsabilidades, puede visitar www.hud.gov y/o visitar la página web del Departamento de Bienes Raíces de su estado.

Es muy importante que los vendedores de casas se informen

sobre las leyes de vivienda justa para evitar posibles responsabilidades legales por violaciones intencionales o accidentales de las leyes de vivienda justa.

Capítulo 8

VALORACION DE SU PROPIEDAD

Cuando se trata de bienes raíces, la ubicación de la propiedad es lo más importante. Las tendencias locales de bienes raíces son el factor determinante del precio de una propiedad. Si mira las noticias y ve que las casas se venden como pan caliente en una ciudad cercana, no asuma que su vecindario local sigue los mismos patrones de venta. Las tendencias de venta de casas son modificadas por factores locales correspondientes a la ubicación de su propiedad. Debe estar atento al mercado local para tener una idea de cómo se compara con el mercado en general.

Hay varias formas de analizar las tendencias del mercado para fijar el precio de su propiedad. Usted o su agente deben estar conscientes de cuál es la mejor manera para encontrar el precio de su propiedad.

Muchos vendedores llegan a un precio basado en los pies o metros cuadrados de sus casas, comparando con la propiedad del vecino. Si la casa del vecino era de 1200 pies cuadrados y se vendió por $200,000, obteniendo $166.66 por pie cuadrado, asumen que su casa de 2000 pies cuadrados tiene un valor de alrededor de $333,300 (2000X $ 166). Cuando llega el momento de anunciar la venta de su casa, muchos vendedores presionan al agente para que liste su hogar basado en estas suposiciones, lo que conduce una propiedad con precios bajos o sobrevalorados. Un mejor método y más preciso es utilizar comparaciones *(comparables, comps)*, para fijar el precio de la propiedad (Explicación de este método, está localizado en la siguiente página).

Las características que ofrece una propiedad también justifican la fijación del precio, y que tan rápido se pueda vender. Las características comunes que pueden aumentar el precio son propiedades con piscina, portón para carros, garaje, terreno grande, numero de pisos, derechos de riego, propiedad para caballos, techos altos, asociación de propietarios (HOA), mejoras recientes, reparaciones, etc. Si usted o su agente son capaces de percibir un patrón que justifique un cambio de precio, entonces prosiga con el ajuste de precio.

Las diferentes escalas de precios son otra forma de analizar las tendencias del mercado. Si el promedio de días de una propiedad en el mercado para un área metropolitana es de 20 días, esto significa que, en términos promedio, las casas pasan 20 días anunciadas en venta antes de recibir y aceptar una oferta. Sin embargo, al ahondar más, usando escalas específicas, puede uno advertir diferencias entre diferentes escalas. Por ejemplo, propiedades con un precio menor de $200,000 dólares pueden tener un promedio de 10 días en el mercado, comparado con propiedades con precios arriba de $300,00 con un promedio de 45 días en el mercado. El estar consciente de estos detalles, ayuda a establecer el precio de la propiedad que llene las expectativas del vendedor.

Tasa de absorción
El concepto del *número de días en el mercado*, y la tasa de absorción son muy similares. Pregunte a su agente cuál es la tasa de absorción

en su mercado local, esta cifra le dará una idea rápida del suministro de viviendas disponibles en el mercado con respecto al número de compradores. La tasa de absorción le ayudará a determinar si se encuentra en un mercado de vendedores o compradores. Utilice esta información para establecer el precio de la propiedad, así mismo una estrategia de venta.

Comparativos: (Comparables)
La mayoría de los agentes usan "comparables" o comparativos para obtener un punto de precio aproximado de una propiedad. Los comparativos son propiedades ubicadas dentro del mismo vecindario o en un vecindario parecido, similares en tamaño, año de construcción, condición y características a la propiedad siendo analizada. Estos comparativos pueden incluir listados de propiedades activas (*propiedades anunciadas como disponibles a la venta*), pendientes (*propiedades con un contrato de venta aceptada*) o vendidas. Estas comparativos no solo son utilizadas por los vendedores, sino también por los compradores que buscan confirmar si están pagando un precio justo por la propiedad. Los comparativos no deben confundirse con valoraciones o garantías de que la casa se venderá a ese precio, solo se proporcionan como una guía para que el vendedor tome una decisión con respecto al precio de la casa.

El fijar precio a una propiedad no es una ciencia exacta, cada vivienda es diferente y única. El mercado de compradores está formado por individuos, que tienen diferentes necesidades y capacidad monetaria. Un agente de ventas hará sugerencias de precios basadas en comparativos, experiencia y tendencias del mercado, pero la decisión final está en manos del vendedor, quien es el que tiene el mayor interés en la cifra final.

Estrategias de fijación de precios
Una vez que llegue a un número aproximado del precio, basado en

comparativos u otro método, debe decidir cuál será el precio de publicación. Hay ventajas y desventajas para cada opción, y usted debe evaluar sus necesidades en función de las tendencias del mercado.

Precio alto
Listar su propiedad para la venta a un precio alto tiene como beneficio el obtener más ganancias, si encuentra ese comprador especial que se enamore de su casa. La desventaja es que una casa con un precio más alto conseguirá menos exhibiciones, más escrutinio y podría quedarse largo tiempo sin vender en el mercado. Una casa que permanece de venta durante un largo período de tiempo puede adquirir un estigma. Los compradores preguntarán por qué ha estado en el mercado durante tanto tiempo. Además, los agentes representando a compradores puede usar los *días en el mercado* como una herramienta de negociación, para demostrar que la casa no vale lo que pide el vendedor, y así conseguir un precio más bajo.

Precio bajo
Los beneficios de establecer un precio bajo son los de tener mayores probabilidades de que la casa se venda más rápido y de obtener ofertas múltiples. Los inconvenientes de esta estrategia es que, como vendedor, podría estar perdiendo dinero. Vale la pena señalar que los precios bajos no garantizan una guerra de ofertas, hay muchos factores además del precio que determinarán la cantidad de ofertas.

No existe una estrategia de venta correcta o incorrecta, todo se reduce a las necesidades del vendedor. El vendedor estará mejor servido manteniendo un canal de comunicación abierto con su agente, para así obtener una estrategia eficaz que se enfoque en sus prioridades.

Ajustes de estrategia

Hay ocasiones que hace su tarea debidamente, hace las mejoras requeridas, siente que el precio es el correcto y aun así su propiedad no se vende. En este caso vuelva a revisar los comparativos, tal vez el mercado está cambiando y necesita reevaluar su estrategia de venta.

Muchas muestras, pero ninguna oferta

Si su casa se muestra gran cantidad de veces, pero no está recibiendo ofertas, intente obtener comentarios de los posibles compradores. Pudiera ser que a éstos no les agrade un aspecto de la propiedad y no puedan visualizar cómo se vería diferente. Utilice los comentarios para encontrar la manera de hacerla más atractiva.

Sin muestras, ni ofertas

Si su casa no recibe ninguna solicitud de muestra esto podría significar que el precio es demasiado alto, o que le falta atractivo exterior.

Recibe ofertas, pero luego el comprador cancela

Si está recibiendo ofertas o contratos en su casa, y están siendo cancelados durante el período de inspección de la casa, corrija los problemas o considere bajar el precio para compensar tales inconvenientes.

Si atraviesa uno de estos escenarios, intente averiguar qué impide que los compradores le envíen ofertas y/o cierren el contrato de compra y responda adecuadamente.

Capítulo 9

FORMAS DE VENDER SU PROPIEDAD

Hay varias opciones disponibles cuando va a colocar su propiedad a la venta. Estas son algunas de las formas más comunes. Cada una de estas opciones tiene sus ventajas y desventajas.

Listado de derechos exclusivos de venta: *Exclusive Right To Sell*
Este es el acuerdo de venta más utilizado por los agentes de bienes raíces. Bajo este convenio, el vendedor le otorga al agente de bienes raíces el derecho exclusivo de vender su propiedad. En este acuerdo, el vendedor es responsable de pagar las comisiones de su agente de ventas y la del agente que representa los compradores. Este contrato no le permite al propietario vender dueño a dueño su casa, a menos que haya excepciones escritas dentro de este convenio.

Listado abierto: Open listing
En un listado abierto, el propietario puede establecer convenios no exclusivos con más de un agente de bienes raíces. El propietario solo es responsable de pagar la comisión al agente que traiga a un comprador con una oferta aceptada. Este tipo de listado también permite al vendedor el vender por su cuenta el inmueble, evitando así el pago de comisiones.

Listados de comisión fija: Flat fee listing
El listado de comisión fija es cuando un vendedor le paga al agente de listado una comisión fija en lugar de un porcentaje de comisión para listar su casa para la venta y subirla al Servicio de Listados Múltiples (MLS: Multiple Listing Service). Las compañías de bienes raíces de comisión fija operan bajo diferentes modelos de servicio, algunos ofrecen una representación limitada al vendedor y otros pueden ofrecer servicios que se asemejan a los servicios típicos que ofrecen un agente de ventas. Hay ventajas y desventajas con cada compañía de comisión fija. Asegúrese de leer bien el contrato de listado para evitar malentendidos. Tenga en cuenta que además del pago de la comisión fija, es posible que aún deba pagarle al agente del comprador por haberle traído un comprador.

Venta de dueño a dueño: (FSBO)
La venta de propiedades de dueño a dueño se refiere a aquellos propietarios que venden su casa de dueño a dueño. No utilizan un agente de bienes raíces, y evitan el pago de comisiones. Existen múltiples ventajas y desventajas respecto a las ventas de dueño a dueño. El mayor beneficio es que los dueños de la propiedad no pagarán comisiones por vender su casa, llevando así más dinero al bolsillo. En cuanto a los inconvenientes, el grupo de compradores potenciales podría ser más limitado, ya que muchos agentes no les agrada trabajar con un vendedor directamente. Esto hace que la mayoría de los compradores representados por un agente de ventas sean eliminados como posibles compradores. Asimismo, el MLS proporciona un grupo de compradores que han sido aprobados previamente para financiamiento y están listos para comprar. Por lo general, estos compradores no tendrán acceso a las propiedades de venta por el dueño. Existen muchos riesgos al vender de dueño a dueño, esté al tanto de sus obligaciones legales Es recomendado consultar a un abogado, para que lo ayude a disipar sus dudas y lo

guie con sus obligaciones legales y a navegar el contrato de venta.

¿Qué se puede negociar en un contrato de listado?
Si está pensando en contratar un agente de ventas para que lo represente en la venta, tenga en cuenta que puede negociar los términos del contrato de listado.

- **Comisión**: Puede negociar la comisión que le pagará al agente de listado y/o al agente de los compradores. Tenga en cuenta que el ofrecer una comisión más baja al agente de un comprador puede desalentar a los agentes de algunos compradores de hacer un esfuerzo por mostrar su propiedad.
- **Duración del contrato:** Si cree que la duración del contrato es demasiado larga y que estará amarrado a un contrato de listado, solicite un período más corto.
- **Cancelación:** Es bueno tener la opción de cancelar durante el contrato, así no tiene que estar atado al convenio de listado si considera cancelar. Pídale a su agente de ventas, que aclaren estos términos y pregunte si hay castigo financiero en caso de que usted cancele.
- **Caja de seguridad para llaves (lockbox):** La caja de seguridad es una caja de metal, con una combinación digital o manual, usted le entrega la llave de su casa a su agente para que la coloque dentro de esta. Esto permite a los agentes representando a los compradores, enseñar su casa cuando usted no esté en casa. Esta es una de las herramientas mas eficaces para promover su casa. En caso de que usted no se sienta seguro de usar una caja de seguridad, incluya esto en el contrato.

Cada vendedor es distinto y tiene diferentes prioridades. Si le parece que hay un cierto término o cláusula dentro del contrato que le suscita especial interés, hágalo saber a su agente antes de firmar el convenio de listado y negócielo.

Capítulo 10

MUESTRA DE LA PROPIEDAD

Su casa ahora está listada para la venta, ahora el objetivo es que los compradores se formen afuera de su puerta, listos para ver su propiedad y hacer una oferta. Es hora de mostrar el mejor ángulo de su casa y trabajar con los horarios de los compradores para maximizar el número de visitas.

Vendedores, ¡¡¡¡¡manténganse alejados!!!!!
Para muchos vendedores es tentador quedarse en casa durante las muestras, y mostrar a los compradores todas las comodidades y características de su hogar. Sienten que son los más capacitados para señalar todas las mejoras que han realizado en su vivienda. El mejor consejo para los vendedores es evitar estar en casa, siempre que sea posible. Deje que los compradores la recorran y se imaginen viviendo en ella. Éste podría ser su nuevo hogar y es esencial que se sientan a gusto.

Si los compradores están siendo representados por un agente de bienes raíces, éstos esperan privacidad para poder discutir las ventajas y desventajas de la casa. La experiencia de comprar una casa es única, los compradores compararán constantemente las casas que han visto, se han convertido en analistas expertos de casas y quieren tener discusiones abiertas instantáneas. Estas discusiones son constructivas en el proceso de la compra y el tener a los vendedores en casa impide que se lleve a cabo este proceso. No pueden hablar de la casa, o hablar de precios abiertamente sin temor a insultar al vendedor o a ser escuchados. Tenga en cuenta que mientras más tiempo pasen los compradores en la casa, más probabilidades habrá de que hagan una oferta en ella. La presencia de los vendedores hará que los compradores se sientan como intrusos y mantendrán su estancia al mínimo.

Hay ocasiones en que dejar su hogar no es una opción, en este caso, trate de hacerse lo más invisible posible, permanezca en una sola parte de la propiedad. Trate de ser lo más discreto posible, y deje que los compradores disfruten de la belleza de su casa en privado.

Mascotas
Este es un tema muy difícil, pero muy común ya que muchos propietarios tienen mascotas y éstas tienen un lugar especial en sus corazones. La situación ideal es tener su casa disponible para las visitas de los compradores, sin que sus mascotas deambulen por la misma. Algunas personas se sienten nerviosas o le temen a los perros u otras mascotas y su presencia puede impedirles disfrutar de su casa. Una opción es que alguien cuide a sus mascotas mientras su casa está a la venta. Si esto no es posible, mantenga a sus mascotas bajo control o llévelas a dar un paseo. Tenga en cuenta que los compradores pueden dejar la puerta abierta mientras recorren la casa, y sus mascotas pueden salirse. Establezca un plan para ensenar su propiedad, mientras mantiene sus mascotas seguras y cómodas.

Coordinación de muestras
Los compradores y los agentes del comprador comúnmente irán por la opción más fácil. El agente de un comprador intentará mostrar

aquellas casas que sean más fáciles de mostrar. Esto significa que los vendedores que son flexibles con las horas de las citas tendrán mayores posibilidades de que sus casas sean mostradas. Una casa en alquiler con un inquilino o un vendedor exigente requiere un mayor esfuerzo del agente para coordinar citas que se ajusten a ambos horarios, tanto al del inquilino como al del comprador. Siempre que sea posible, sea flexible con las horas de muestra y complaciente con el horario del comprador.

Folleto de muestra
Prepare un folleto con todas las características interiores y exteriores de su propiedad. Incluya los parques cercanos, centros de recreación, piscina comunitaria, o cualquier otra característica que pueda percibirse como un beneficio. También incluya los supermercados, gimnasios y otros negocios cercanos, esto le dará al comprador una imagen instantánea rápida del vecindario. Haga una copia y colóquela en un lugar visible donde los compradores puedan verla.

Muestras de Dueño a Dueño
Si usted está vendiendo por su cuenta, generalmente significa que debe estar disponible en todo momento para responder cualquier pregunta de los posibles compradores. Si necesita señalar las características y comodidades de su casa, cree un folleto escrito y deje que los compradores paseen y recorran la casa a su propio ritmo. Tome las precauciones adecuadas, verifique las credenciales de identidad de los compradores antes de cualquier muestra para evitar ponerse en riesgo.

Consejos de seguridad
Si bien la mayoría de los compradores actúan con honestidad al comprar casa, hay personas que son la excepción y tienen otras cosas en mente. Los siguientes son consejos de seguridad a seguir al vender su propiedad.

- Asegure sus objetos de valor: no deje joyas a la vista, guárdelas en un lugar seguro.
- Guarde bajo llave sus armas, rifles, etc.
- Guarde el correo y otros documentos que podrían hacerlo vulnerable al robo de identidad.
- Guarde las recetas médicas en un lugar seguro.
- Mantenga su computadora apagada y protegida con contraseña.
- Instale cámaras de seguridad para monitorear su casa mientras usted está ausente.

Capítulo 11

ANUNCIAR LA PROPIEDAD: MARKETING YOUR HOME

Anunciar o dar propaganda a su casa en venta, es esencial para atraer compradores. Si está vendiendo su casa, investigue y decida en cuáles plataformas de mercadeo desea invertir su tiempo y dinero. Hay muchas maneras de anunciar su casa, cada una tiene su propio costo. Las siguientes son las formas más comunes para anunciar su propiedad hoy en día.

MLS (Servicio de Listado Múltiple)

Cuando se trata de anunciar su propiedad, la mejor opción que tiene a su disposición es el MLS. Este es el lugar donde la mayoría de los vendedores y compradores, se encuentran. Los agentes representando al comprador, mostrarán propiedades solo a aquellos compradores que sean serios, interesados y lo más importante, que estén aprobados o calificados para obtener un préstamo hipotecario.

Disponibilidad de muestra

No importa qué tan bien anunciada esté su propiedad, o cuántos compradores logra atraer, si usted no está dispuesto a mostrar la casa cuando los compradores lo desean, entonces todo ese esfuerzo se será en vano. No se puede enfatizar lo suficiente, adáptese al comprador siempre que sea posible. El uso de cajas de seguridad para llaves es una de las mejores maneras de mostrar su hogar, son flexibles y fáciles de usar. Las cajas de seguridad de hoy en día mantienen un registro digital de aquellos agentes que entraron a su propiedad. Estas cajas, permiten a su agente de ventas medir el nivel de interés. Al registrar cuantas veces cierto comprador ha mirado su propiedad, esto le da información que es útil a la hora de negociar.

Casa Abierta: Open House

Ya sea que esté vendiendo como propietario o a través de un agente, el uso de establecer *casa abierta* es una herramienta de anuncio muy útil. Las *casas abiertas* atraen mayormente a los vecinos, que a su vez pueden ser embajadores de mercadeo al platicar de su propiedad con sus amigos y familiares.

Zillow, Realtor, Trulia

Estos sitios de internet proporcionan una plataforma para anunciar su propiedad. El anunciar su casa en estos sitios permite que su propiedad se ponga frente a posibles compradores, la desventaja es que muchos de estos compradores apenas empiezan a interesarse a comprar casas, generalmente no tienen financiamiento listo y pueden significar solo pérdida de tiempo.

Redes sociales

Hay varias maneras de anunciar su propiedad en las redes sociales, como Facebook, Twitter, Instagram. Elabore diferentes anuncios, orgánicos y pagados. En Facebook hay muchos grupos locales, o de interés específicos donde puede anunciar su propiedad. Los resultados generalmente son mixtos, y es necesario hacer varias pruebas hasta que alcance nivel de respuesta aceptable.

Craigslist

Craigslist sigue siendo un buen lugar para anunciar su casa en venta. Aunque no tiene el tráfico que solía tener y la generación más joven se está alejando de ella, todavía hay un gran segmento de la población que utiliza Craigslist como su principal mercado virtual.

Periódicos/Revistas

Los periódicos y las revistas son cada vez menos relevantes, pero hay personas que siguen siendo lectores fieles de las noticias en papel. Antes de anunciar en una revista o periódico, asegúrese de comprender qué segmento de mercado cubren y si su propiedad seria adecuada para anunciarse en ellos.

 Estas son solo algunas de las formas en que puede comercializar su propiedad, algunas de ellas se aplican a los que venden de dueño a dueño, otras a los agentes de ventas. Cuando su casa está a la venta, necesita ponerse so sombrero de vendedor y sacar el tema de la venta de su propiedad en sus conversaciones diarias, nunca se sabe quién está buscando una nueva casa.

Capítulo 12

ELEGIR UNA OFERTA

Analice el proceso
Si está vendiendo con un agente de bienes raíces, de antemano pídale una copia del contrato y estúdielo. Cuando reciba una oferta, mantenga todas las opciones sobre la mesa. Si este cumple con sus exigencias puede aceptarla. Si la oferta se acerca a lo que está buscando, puede escribir una contraoferta para modificar aquellos términos con los que no está de acuerdo. Si la oferta inicial no está cerca de la cifra aproximada, puede rechazarla o investigar que tan interesado está el comprador en la propiedad.

Mantenga sus prioridades a la vista
Si está buscando sacar el máximo provecho monetario de su propiedad, elegir una oferta basada únicamente en el precio seria la opción más conveniente. Si está buscando un cierre rápido, una oferta más baja, en efectivo podría ser una mejor alternativa. Si tiene hijos y quiere permanecer en su casa hasta que acabe el año escolar, entonces un cierre prolongado podría ser la mejor opción.

Múltiples ofertas

Si recibe varias ofertas, compárelas según el valor monetario, las probabilidades de cierre exitoso y otros factores adicionales que sean importantes para usted. Seleccionar una oferta basada únicamente en el precio más alto conlleva su propio riesgo. Si la casa no se valora en el precio de compra, el comprador puede cancelar, en vez de pagar por encima precio valorado. Tenga un plan en mente para la contingencia de la valoración (*Appraisal contingency*), en caso de que elija la oferta más alta y la valoración sea baja.

No lo tome personal

Vender su casa es un evento emocional de la vida. Los vendedores pueden tomar una oferta baja como una ofensa personal. Prepárese para estas ofertas, no se ofenda, considérelo como parte de la negociación. Tenga en cuenta que solo un comprador interesado se tomará el tiempo de escribir y mandar una oferta.

Analice los términos de la oferta

Cada oferta de compra es diferente, evalúe lo que el comprador está ofreciendo y responda de acuerdo a esta. Los siguientes son algunos de los términos de negociación más comunes.

- Precio
- Depósito de garantía (*Earnest Money*)
- Cierre de plica (*COE: Close of Escrow*)
- Contingencias (*Contingencies*)
- Período de inspección
- Propiedad personal incluida
- Garantía de la casa (*Home Warranty*)
- Concesiones de vendedores (*Seller Concessions*)
- Reparaciones
- Tiempo de posesión (*Time of possession*)

Sea creativo

El precio no es todo en una oferta de compra, busque formas de llegar a un acuerdo con el comprador. Recibir una oferta no es el final del juego, es solo el comienzo. El ser creativo le permite considerar concesiones o términos que pueden ser modificados para realizar la venta con éxito.

Capítulo 13

ANALISIS DEL CONTRATO

Por lo general, los agentes de bienes raíces utilizan un contrato estandard destinado a proteger a compradores y vendedores de utilizar lenguaje ambiguo. El hecho de que un contrato estándar utiliza los mismos términos pre-impresos, no significa que no pueda modificarse. Educarse acerca de los múltiples términos, facilitará la comprensión de las consecuencias de cada uno de los términos y condiciones.

Oferta
Lo primero en que se fijan la mayoría de los vendedores, es en el precio de oferta de compra. Si bien esta cifra es uno de los elementos más importantes en un contrato de venta, no es lo único que debe tener en cuenta. Si trabaja con ofertas múltiples, revise otros factores, como el tipo de financiamiento y las concesiones de los vendedores. Para un vendedor que busca vender rápido, una oferta en efectivo por debajo del precio solicitado, podría ser una mejor alternativa que una oferta por el precio completo con financiamiento.

Contraoferta (counteroffer)
Una contraoferta es una oferta alternativa a la original. Implica un rechazo de la oferta original. Cuando usted recibe una oferta, puede aceptarla como está escrita, rechazarla o enviar una contraoferta. Tenga en cuenta que cuando decide mandar una contraoferta, está rechazando la oferta recibida. Si la oferta es aceptable o está cerca de sus mínimos requisitos, entonces se utiliza una contraoferta para llegar a un acuerdo que sea aceptable a ambas partes.

Contrato aceptado
Un contrato aceptado o ejecutado es cuando, el comprador como el vendedor han firmado el contrato de venta que especifica precio y los demás términos. Contará con lenguaje específico para aclarar lo relacionado con el depósito de garantía, financiamiento, plazos de cumplimiento, inspecciones, períodos de sanación (cure period), y cualquier otro elemento o cláusula agregada.

Depósito de garantía (earnest money)
El depósito de garantía es un depósito del comprador como muestra de buena fe. El depósito es para demostrar un interés serio en comprar la propiedad. Este depósito representa un riesgo que el comprador está dispuesto a aceptar, para llevar a cabo el proceso de compra de la propiedad. El dinero de garantía generalmente se deposita con la compañía de título, que asimismo servirá como una entidad neutral independiente en caso de que se cancele la venta y se cuestione la propiedad del depósito.

Financiamiento
Esta sección específica el tipo de financiamiento a utilizar, FHA, VA o Convencional. Si el vendedor incluye una carta de aprobación de su prestamista, examine los términos de financiamiento. Si es posible hable con el prestamista para evaluar la solidez de la aprobación.

Concesiones de vendedores
Esta sección específica lo que el comprador está pidiendo del vendedor. Si el comprador pide ayuda con los gastos de cierre o gastos de reparación. Estos gastos reducirán la ganancia neta del vendedor. Haga un seguimiento de las concesiones, ya que tendrá un impacto directo en la cantidad de dinero que entra en el bolsillo del vendedor.

Inspecciones
El contrato de venta contiene una sección que le permite al comprador un período de tiempo para realizar las inspecciones que él/ella considere esenciales. Estas inspecciones pueden incluir, inspección física de la casa, presencia de radón, termitas, cimientos, pintura a base de plomo, área del vecindario, zonificación, regulaciones de la asociación de propietarios (HOA), etc. Éstas son algunas de las inspecciones específicas que puede realizar el comprador. Si el comprador no está satisfecho con la inspección, puede enviar un documento de desaprobación al vendedor con la opción de cancelar; proceder con la venta o darle al vendedor la opción de reparar o remediar los elementos rechazados. El vendedor a su vez puede decidir si reparar los elementos solicitados, hacer una reparación parcial o simplemente negarse a hacer cualquier reparación. Cabe mencionar que varios contratos que usan los vendedores de dueño a dueño no contienen esta sección y su ausencia puede causar conflictos en el proceso de venta, asesórese con un abogado para evitar dificultades legales.

Respuesta de los vendedores a las solicitudes de inspección de los compradores
Este documento se usa para responder a las peticiones del comprador durante el periodo de inspección. Es recomendable mantener un canal de comunicación abierto con el comprador durante el periodo de inspección. Trate de indagar las reparaciones que el comprador

considera críticas. En ocasiones cuando las reparaciones son costosas, el vendedor puede optar por ofrecer un crédito monetario cuando cierre la venta. Por ejemplo, si el aire acondicionado necesita ser reemplazado, en vez de gastar $6000 dólares en reemplazarlo, se le puede ofrecer un crédito de igual o menor valor al comprador a la hora del cierre. Esta opción de ofrecer un crédito al finalizar la venta protege al vendedor de hacer gastos en reparaciones, sin ninguna garantía de que la venta se cierre.

Propiedad personal y propiedad incluida (personal vs fixture)
Este es uno de los elementos del contrato en los que se producen confusiones y malentendidos. Aclare en el contrato qué artículos personales están incluidos en la venta. Hágaselo saber a su agente de listado, para que éste lo agregue en los detalles del listado del MLS. La pregunta más común es como decidir si un objeto es parte de la propiedad o es considerada propiedad personal del vendedor. Una regla común que se utiliza en decidir cómo se considera el artículo, es preguntarse si el articulo es movible o si es necesario utilizar herramientas para desprenderla de la propiedad. Generalmente se considera parte de la propiedad si es necesario el uso de herramientas y es implícitamente considerado parte del contrato. La ausencia de una definición exacta para cada articulo hace necesario incluir instrucciones precisas para aquellos artículos que el vendedor excluya de la venta. La inclusión de comentarios en el listado del MLS que confirmen los bienes personales excluidos o incluidos en la venta podrían no ser suficientes, usted debe ser claro sobre sus intenciones y escribirlas dentro del contrato para que sean ejecutables. El declarar sus intenciones con claridad, ayudará a evitar malentendidos entre compradores y vendedores.

Extensiones
Un contrato de compra tiene varios plazos de tiempo que requieren que ciertos eventos se lleven a cabo, estos plazos pueden ser

extendidos por el comprador o el vendedor, mediante el uso de anexos u enmiendas que se convierten en parte del contrato original. A menudo, la venta se retrasa debido a que el prestamista del comprador no está listo para financiar el préstamo al momento acordado, el vendedor puede entonces iniciar el proceso de cancelación o darle al comprador una extensión para darle el tiempo suficiente de obtener el préstamo. Esta extensión le permite al comprador un tiempo adicional para que su préstamo sea aprobado.

Contingencias (Contingencies)
Una cláusula de contingencia es una condición o acción que debe suceder para que el contrato de compra siga siendo vigente. Si no se cumplen esas condiciones, el vendedor o el comprador pueden cancelar el contrato sin sufrir daños monetarios o legales. Los contratos de compra utilizados por los agentes de bienes raíces están estandarizados para cubrir las contingencias más comunes, pero la inclusión, modificación o eliminación de estas son negociables. El comprador puede agregar contingencias al contrato o el vendedor puede pedir la eliminación de ellas. Las contingencias encontradas en los contratos estandarizados pueden cambiar de estado a estado, familiarícese con éstas y cómo afectan el contrato. Las siguientes son algunas de las contingencias más comunes encontradas en un contrato de compra.

- **Contingencia de inspección**
La contingencia de inspección define un período de tiempo en el que el comprador tiene derecho a que un inspector de viviendas verifique la condición de la casa. El alcance de la inspección puede no estar limitado a la condición física de la casa, sino que también incluye el vecindario, los reclamos del seguro en contra de la casa, la condición de título u otros hechos materiales que puedan ser de interés para el comprador. Si el comprador tiene objeciones con los resultados de la inspección, puede cancelar u

optar por darle al vendedor la oportunidad de remediar los elementos desaprobados.

- **Contingencia de préstamo**

La contingencia de préstamo favorece al comprador en caso de que no sea aprobado para un préstamo hipotecario en términos predeterminados. Si el comprador no puede calificar para el préstamo, entonces podría tener la opción de cancelar el contrato, sin perder el depósito de garantía o sufrir otros daños monetarios o legales.

- **Contingencia de valoración**

Esta contingencia se implementa para evitar que el comprador pague un valor superior de lo que está valorada una propiedad. Por ejemplo, si el precio de compra acordado es de $200,000 y la valoración es de $190,000, entonces el comprador puede optar por cancelar el contrato, sin riesgo de perder el depósito.

- **Otras contingencias**

Una de las contingencias más comunes es que el comprador compre una casa con la condición de la finalizar la venta de su propia casa. En este caso, el comprador utilizara los ingresos de la venta de su casa para la nueva propiedad. En caso de que el comprador no pueda vender su propiedad, esta contingencia le permitirá cancelar la compra de la otra propiedad sin ningún daño legal o monetario. Hay muchos tipos de contingencias, y cada contrato se escribe de manera diferente. Asegúrese de tomar el tiempo necesario para comprender el tipo de cláusulas y contingencia incluidas en el contrato.

Período de subsanación (cure period)
Un período de subsanación es un período de tiempo especificado en el

contrato para permitir que la parte infractora corrija o remedie los elementos en cuestión.

Remedios (Remedies)

Si el comprador o el vendedor violan el contrato, puede haber varias opciones disponibles para la parte afectada, esto depende del lenguaje específico en el contrato. Si el comprador no cumple con una parte del contrato, el vendedor puede escribir una notificación de período de subsanación, obtener el depósito de garantía, demandar al comprador por daños, asistir a un proceso de mediación o exigir la ejecución específica del contrato. Cada estado y contrato es diferente, asegúrese de entender cuáles son sus opciones.

Capítulo 14

VENTA DE CONDOMINIOS

Uno de los errores más comunes al vender un condominio es asumir que es el mismo proceso que vender una casa unifamiliar. El proceso puede que sea similar, pero no el mismo. Si usted es propietario de un condominio, debe informarse sobre el proceso y los desafíos únicos que implican la venta de condominios.
Siga los siguientes consejos para mejorar sus posibilidades de vender con éxito su condominio.

1. Prepare el condominio

- Hágalo ver más espacioso, ordenado, empaque los artículos grandes. Los condominios suelen ser más pequeños que una casa y pueden verse pequeños cuando están ocupados. Vaya por cada espacio de almacenamiento en su condominio y ordénelo. En los armarios de la cocina, guarde todas esas ollas y sartenes grandes, pase por la despensa y asegúrese de que se vea ordenada. Si es posible, guarde todos los alimentos que no sean indispensables, mientras su condominio está a la venta. Si tiene los medios financieros, alquile una unidad de almacenamiento para guardar todas esas cajas empacadas y objetos grandes.

- Pinte y haga reparaciones de todo lo necesario. Tenga en cuenta que sus principales competidores serán unidades casi idénticas a la suya, debe asegurarse de tener una ventaja sobre el resto de ellas.
- Organícelo, una vez más, debe asegurarse de que su condominio se destaque frente a la competencia.
- Manténgalo limpio y listo para mostrar en cualquier momento.
- Trate de adaptarse tanto como sea posible a las solicitudes de muestra. Tener restricciones en la disponibilidad de muestra es uno de los peores errores al vender una propiedad. Los agentes de bienes raíces generalmente siguen un recorrido programado para mostrar las propiedades a los compradores, y si usted no está disponible, es posible que no regresen para mostrar su condominio.

2. **Conozca las reglas y regulaciones de la HOA (Asociación de Propietarios)**

- Los compradores deberán revisar las reglas de la HOA como parte de las divulgaciones requeridas, dé un paso adelante y téngalas disponibles al inicio del proceso. Esto evitará retrasos en el cierre o las cancelaciones de la venta debido a que los compradores desaprueban las reglas de la HOA.
- Tenga a mano todos los datos, tales como el nombre, el número de teléfono, la dirección y el correo electrónico de la HOA (Homeowners Association) para proporcionarlo al ser solicitado.
- Provea al comprador los honorarios, cuotas de la HOA desde el principio.

3. **Investigue si su condominio es garantizable y cumple con los criterios de préstamos federales de Freddie Mac y/o Fannie Mae**

   La habilidad de conseguir un préstamo hipotecario por parte del comprador es una de las mayores diferencias entre vender una casa y vender un condominio. Si su condominio se considera no garantizable, su grupo de posibles compradores se reducirá. Los compradores aprobados para FHA, VA y algunos préstamos convencionales no podrán comprarlo. Llame a la asociación de propietarios (HOA) o a un prestamista e investigue si su condominio se considera garantizable.

   Los siguientes factores pueden afectar la elegibilidad de un condominio de ser garantizado:

   - Proyectos donde una solo dueño o entidad posea más de un cierto porcentaje del número total de condominios.
   - Proyectos que formen parte de un hotel, resort o tiempo compartido.
   - Proyectos en los que cierto porcentaje del total de espacios son usados para fines no residenciales o comerciales.
   - Proyectos que representan el uso legal pero no se conforma a leyes vigentes de la zona (problema de zonificación).
   - Porcentaje de condominios con préstamos FHA.
   - Porcentaje de condominios no ocupados por sus propietarios.
   - La asociación de propietarios (HOA) no puede ser mencionada o parte de ninguna demanda actual.

   Normalmente, las hipotecas de condominios son más caras que las de viviendas unifamiliares. Esto se debe al hecho de que un condominio está sujeto a factores de riesgo que están fuera del control de los prestatarios. Para justificar este riesgo, los bancos pueden requerir enganche más alto, o tasas de interés más altas. Investigue todo lo que pueda sobre su complejo de condominios, antes de ponerlo en venta. Los requisitos de préstamos FHA, VA y convencionales pueden cambiar, manténgase al día con las últimas actualizaciones. Esta información será útil para idear una estrategia de ventas. Si su condominio está aprobado para financiamiento convencional o FHA, inclúyalo en sus materiales de marketing o en la descripción del MLS.

4. **Fijación del precio su condominio**

El proceso para determinar el precio de su condominio es similar al de las casas. Realice un análisis comparable de las propiedades activas, pendientes y vendidas en su complejo de condominios y realice ajustes en función de otros factores, como los pies cuadrados, servicios, ubicación dentro del complejo, vistas exteriores. Si está vendiendo con un agente de bienes raíces, pídale la tasa de absorción en el mercado de condominios, esto le brindará una mejor perspectiva sobre el tiempo que toma el vender un condominio en su área.

5. **Esté preparado para las inspecciones**

- Verifique que no haya fugas en las tuberías.
- Verifique que todos los enchufes eléctricos y ventiladores funcionen.
- Revise el aire acondicionado y calefacción.
- Compruebe si hay azulejos faltantes.

- Compruebe que la estufa, lavadora, calentón, aire acondicionado, plomería estén en buenas condiciones de funcionamiento.

Cuando está vendiendo su condominio, el ser diligente y disciplinado mejorará sus posibilidades de tener un proceso de venta de su condominio sin problemas.

Capítulo 15

VENTA DE TERRENOS

¿Por qué está vendiendo?

La primera y más importante pregunta que responder es: cuál es la razón detrás de su deseo de vender. Desea retirar su inversión, necesita vender debido a circunstancias personales o financieras, o se dio cuenta de que construir la casa de sus sueños sería más costoso de lo que esperaba. Sea cual sea su motivo, téngalo en cuenta al poner su terreno en venta y ejecute una estrategia de venta que se adapte a su situación.

¿Quién compra tierras?

El identificar a los posibles compradores le dará una mejor perspectiva sobre la fijación del precio y qué tan rápido podría venderse. Si está vendiendo un terreno en medio de la nada, donde no hay servicios públicos en el lugar y está muy lejos de la civilización, es probable que los compradores que buscan construir de inmediato sean descartados de su grupo de compradores. Puede clasificar a los compradores de la siguiente manera:

- Compañías Constructoras de vivienda: Están en búsqueda de un terreno para construir de inmediato, subdividir o reunir un grupo de terrenos.
- Especuladores: Son compradores dispuestos a esperar a que aumente el valor de la tierra.
- Compradores que buscan construir a corto plazo: este tipo de comprador desea cerrar la venta e inmediatamente comenzar a trabajar en sus planes de construcción. Quieren comprar un terreno que esté listo para construir lo más rápido posible.
- Compradores que buscan construir a largo plazo: tienen planes para la propiedad a largo plazo.

Venta de terrenos VS venta de casas

El mercado inmobiliario de terrenos es diferente al de casas. El grupo de compradores es más pequeño y es más difícil ser aprobado para financiamiento. En general, el financiar el terreno requerirá un enganche alto, así como tasas de interés más altas en comparación con las hipotecas de viviendas. Si está utilizando los servicios de un agente de bienes raíces para vender su terreno, asegúrese de preguntar cuáles son las tendencias actuales en la venta de tierras. Las tendencias en las viviendas podrían no seguir los mismos patrones a las ventas de tierras. Esté atento a dichas tendencias y téngalas en consideración al establecer el precio del terreno, ya que puede marcar la diferencia para venderlo rápidamente.

Prepare el terreno para la venta

El *Curb appeal* u atractivo exterior tiene una sensación más tangible para las casas que para la tierra, pero hay maneras en las que usted puede aumentar el atractivo del terreno. La primera impresión es importante y tener un lote que luzca listo para construir atraerá más compradores. Debe debatir el costo y el tiempo de las modificaciones con el valor agregado a la propiedad para ver si es financieramente ventajoso realizar dichas reparaciones o limpiezas.

Limpie la basura
Tome tiempo para mantener su lote limpio y libre de escombros, mantenga la maleza al mínimo, corte arbustos, árboles y retire las ramas caídas.

Arregle los portones
Asegúrese de que los portones abran y cierren correctamente y que los mecanismos de seguridad en funcionamiento. Es frustrante para los compradores hacer el recorrido para ver su terreno, solo para encontrarse con un portón que no permita que pase un automóvil.

Repare las cercas
Haga una inspección y repare aquellas secciones que necesiten atención.

Limpie las edificaciones o estructuras
Realice una limpieza rápida de las estructuras o edificios, esto hará que sea más fácil para el comprador el visualizar las posibilidades del terreno.

Elimine posibles obstáculos legales
Elimine problemas legales con el título de la propiedad, Atraerá más compradores, evitara retrasos en el cierre de la venta o cancelaciones posteriores.

Acceso legal
Asegúrese de haber registrar el acceso legal a la propiedad. Las servidumbres no registradas pueden ser validas, pero más difíciles de esforzar que las registradas en el título de propiedad. Una propiedad con servidumbres registradas que otorgue acceso de ingreso y egreso es más atractiva que una con acceso no registrado. Si su terreno tiene derecho de servidumbres no registradas, hable con un abogado de

bienes raíces para ver cuáles son sus opciones.

Límites de la propiedad
Haga una inspección para asegurarse dónde están ubicadas las líneas de los límites de la propiedad. Haga esto antes de colocar el terreno en venta, para dar al comprador puntos claros de referencia de los límites.

Intrusiones
Revise las estructuras, bardas y cercas que limitan su propiedad y asegúrese que no se metan en la propiedad del vecino, o que la barda del vecino no se meta en su propiedad.

Gravámenes (Liens)
Evite cualquier retraso en la venta de su terreno, elimine cualquier embargo o gravamen que puedan afectar la transferencia de título limpio al comprador.

Cuotas
¿Hay cuotas sin pagar? Asegúrese de tener un plan para encargarse de ellas. Si no tiene para pagar, puede especificar en el contrato que las cuotas se pagaran cuando cierre la venta.

Servidumbre de paso
En general, la servidumbre de paso es definida como un derecho real sin posesión sobre la propiedad de otra persona. Este concepto es muy común en terrenos donde el acceso a la propiedad es por medio del cruce de otra propiedad. Las servidumbre registradas y no registradas en el titulo de propiedad pueden afectar el valor de la propiedad. Adelántese a cualquier problema de acceso físico y legal y registre estas servidumbres lo más pronto posible.

Zona de inundación

Las zonas de inundación son áreas geográficas que la Agencia Federal para el Manejo de Emergencias (FEMA, por sus siglas en inglés) ha definido de acuerdo con diferentes niveles de riesgo de inundación. La propiedad en una zona de inundación puede estar sujeta a tasas de seguro más altas y/o requisitos de construcción más estrictos para mitigar los riesgos de inundación.

Servicios Disponibles

El valor de la tierra depende de varios factores además de la ubicación; tener servicios en la propiedad le aumentara valor. Investigue qué servicios públicos están sirviendo su propiedad y mantenga una lista de los números de teléfono de cada compañía de servicios para que la comparta con el comprador. Calcule el costo del agregar servicios públicos en su propiedad frente al valor agregado. Los siguientes son una lista de servicios que afectan el precio de un terreno.

- **Servicio de drenaje**

   El servicio de drenaje representa valor añadido a la propiedad. Si la propiedad ya tiene una conexión lista, haga énfasis de esto en los folletos de propaganda y mercadeo.

- **Fosa Séptica**

   La ausencia de servicio de drenaje o alcantarillado requiere la instalación de una fosa séptica. La construcción de una fosa séptica es regulada por el estado, condado o ciudad.

   Tiene la propiedad un sistema séptico en funcionamiento. Si no es así, ¿ha realizado una prueba de percolación para ver si puede instalar un sistema séptico? Si una propiedad falla en la prueba de percolación, podría significar que un sistema séptico no sería aprobado y, en consecuencia, el permiso de construcción de una casa puede ser negado por las autoridades correspondientes.

- **Agua**

¿Cómo se abastece su propiedad con agua? ¿Tiene acceso al servicio de agua potable de la ciudad? ¿Tiene pozo? ¿Existe servicio de entrega de agua? La respuesta a estas preguntas bajará o subirá el precio del terreno.

- **Pozo de agua**

Si su propiedad tiene un pozo de agua, recopile el historial de servicio y reparaciones.

- **Electricidad**

¿Su propiedad tiene electricidad en el sitio? ¿Si no es así, cual es la distancia al suministro más cercano? Esta información es valiosa para los compradores; si sabe el costo de gestionar una línea a su propiedad, inclúyalo en los folletos de propaganda.

- **Teléfono o cable**

Para muchos compradores, la capacidad de tener video e internet en la propiedad pesará en su decisión de compra.

- **Derechos de irrigación**

Los derechos de irrigación proporcionan una fuente de agua abundante. Proporcione información específica de los días que puede regar, el costo mensual y el monto de agua a la que tiene derecho.

- **Propiedad para caballos**

Este es una de las características más buscadas por compradores. Si la propiedad tiene establos, asegúrese de que estén en buenas condiciones. En general, los derechos de propiedad para caballos aumentarán el valor de su tierra. Investigue para ver si su propiedad cae en esta categoría.

- **Zonificación**
La zonificación es una serie de leyes y reglas que dictan cuán grandes pueden ser los edificios, tipo de construcción y para qué pueden utilizarse. La zonificación de una propiedad puede variar dependiendo del condado o la ciudad donde está localizado.

- **Subdivisión del terreno**
Subdividir su terreno en lotes más pequeños es una opción que podría ayudarle a venderlo más rápido y a un precio más alto. Necesita investigar los costos frente a las posibles ganancias. Si decide tomar esta ruta, hable con un abogado de bienes raíces para que lo guíe en el proceso de subdivisión de terrenos.

- **Áreas no incorporadas**
Una propiedad ubicada en un área no incorporada tiene ventajas y desventajas. Una ventaja podría ser que la propiedad podría no estar limitada por restricciones de zonificación, como lo están aquellas en áreas incorporadas. Una desventaja podría ser la falta de servicios disponibles, tales como agua, servicio de bomberos, etc. Este tipo de propiedad puede ser atractiva para algunos compradores, mientras que puede ser negativa para otros.

Fijación del precio de su propiedad
Todos los factores anteriores pueden afectar el valor de su terreno, haga los ajustes necesarios para encontrar un rango de precios que se adapte a sus necesidades. Si el terreno es único o no hay comparativos disponibles, es posible que necesite una valoración de un evaluador de terrenos para obtener un mejor valor de su propiedad. Tenga en cuenta las tendencias específicas del mercado de terrenos para identificar el tiempo que se puede tardar en vender.

Financiamiento del propietario

Este es un préstamo otorgado por el mismo vendedor a un comprador para financiar la totalidad o parte del precio de compra a una tasa de interés acordada. La disponibilidad de financiamiento del propietario aumentará el número de compradores interesados en su propiedad. El financiamiento del propietario tiene sus ventajas y riesgos. Una ventaja es que tiene un flujo constante de ingresos por los intereses acordados. El principal riesgo es el incumplimiento del comprador en el préstamo, el cual forzara al vendedor a recuperar su terreno. Los vendedores de tierras interesados en ofrecer financiamiento deben consultar a un abogado de bienes raíces para asesorarlos en el proceso.

Terrenos de dueño a dueño: (FSBO)

Las ventas de dueño a dueño tienen sus pros y contras. Su ganancia neta puede ser mayor, debido a no pagar comisión. La desventaja más grande es que su grupo de posibles compradores se reducirá, debido a que muchos agentes de venta no les agrada trabajar directamente con los dueños. Cuando usted lista su propiedad con un agente, éste normalmente tiene varias herramientas de propaganda a su disposición. La mejor manera de maximizar la exhibición de su propiedad es el MLS (Servicio de listado múltiple), que está disponible para los agentes que pertenecen a esta asociación. Otro problema es que varios compradores se sienten más seguros si la transacción es manejada por un agente de bienes raíces. Si está vendiendo de dueño a dueño, haga su tarea, hable con un abogado de bienes raíces para que le responda las preguntas que pueda tener y asegúrese de informarse sobre sus obligaciones legales.

Capítulo 16

VENDER Y COMPRAR AL MISMO TIEMPO

¿Le gustaría comprar y vender en forma simultánea?
Siempre que compre y venda una casa al mismo tiempo, es esencial que esté al tanto de las tendencias inmobiliarias locales. Pregunte a su agente de bienes raíces si usted está en un mercado de vendedores, compradores o en un mercado equilibrado. Esta información hace la diferencia en las opciones de cómo va a vender su casa.

Vender primero y comprar después
Si está buscando una forma tranquila y relajada de vender su propiedad y comprar otra, ésta es la mejor manera de hacerlo. Venda su propiedad, luego haga un alquiler a corto plazo mientras busca una nueva propiedad. Evitará estar presionado en vender su casa dentro de un determinado período de tiempo, o encontrar una casa antes de cerrar la venta de la suya. Hay desventajas con esta opción, ya que en un mercado de vendedores cada mes que pasa, podría significar aumentos en los precios de las propiedades. Esto significa que las ganancias provenientes de la venta de su propiedad tendrán menos valor contra los precios de las casas.

Por otro lado, si usted está en un mercado de compradores y logra vender su propiedad, a la hora de buscar, encontrará muchas propiedades. No habrá prisa por comprar ya que éstas no estarán incrementando en valor, y el tener dinero efectivo disponible le dará una ventaja cuando presente la oferta para una propiedad.

Comprar primero y vender después
La desventaja de esto es que podría estar atado con dos hipotecas mientras encuentra un comprador para su casa. Si usted puede pagar ambas hipotecas, esta es una buena opción para comprar y vender su casa. Si está en un mercado de vendedores, el tiempo necesario para vender debería ser mínimo. Si está en un mercado de compradores, el gran inventario de casas disponibles en el mercado le hará más difícil vender su propiedad.

Comprar y vender al mismo tiempo
Vender una casa, mientras compra otra al mismo tiempo es una práctica muy común, pero se necesita paciencia, estrategia y un poco de suerte para que todo suceda sin demoras. En una venta normal, hay varios factores que pueden hacer que el contrato de venta se cancele. Cuando se busca comprar y vender al mismo tiempo, estos factores se duplican al igual que las probabilidades de que el contrato se cancele.

Una de las mejores formas de vender y comprar al mismo tiempo, es listar su casa primero, comenzar a buscar casas y estar listo para hacer una oferta en la casa de sus sueños tan pronto como usted obtenga una oferta de compra en su propiedad. La lógica detrás de esto es que la mayoría de los vendedores solo aceptarán una oferta de la cual depende de que el comprador venda su propia propiedad, si la propiedad del comprador ya está listada y tiene un contrato de compra.

Si quiere asegurarse de vender su casa solo si puede encontrar otra para comprar, ponga una cláusula de contingencia que establezca que la venta de su casa tiene como condición encontrar su próxima casa y cerrarla con éxito.

Proteja su depósito de garantía, haga que la oferta de compra de su nueva propiedad tenga como condición la venta exitosa de su casa. Esta contingencia lo ayudará a obtener el reembolso de su depósito de buena fe en caso de que la venta de su casa no se cierre.

Recibir una oferta con una contingencia de venta
Si se encuentra en el lado opuesto de esta situación, donde usted es el vendedor de una casa. El comprador envía una oferta con una cláusula de contingencia, donde él comprará su casa con la condición de proseguir con la venta, solo si el comprador logra vender la propiedad de el con éxito. Antes de aceptar una oferta, asegúrese de que la casa del comprador ya tenga un contrato de compra aceptado. Pida acceso a las credenciales financieras o el puntaje de crédito del comprador comprando la casa del comprador. En este caso, ambas ventas dependen de que el primer comprador pueda cerrar en la propiedad del comprador. Usted como parte indirecta de esa transacción, solicite que se le notifique sobre cualquier actualización en la capacidad y la voluntad del comprador para cerrar la transacción.

Capítulo 17

MERCADO DE VENDEDORES O COMPRADORES

La compra y venta de propiedades son como cualquier otro mercado económico, se basan en la oferta y la demanda. Manténgase al tanto de las noticias de bienes raíces para ver en qué tipo de mercado se encuentra el área donde vive.

Mercado equilibrado
Un mercado equilibrado es cuando el número de compradores iguala al número de vendedores. La duración del inventario actual de propiedades en venta varia de tres a seis meses.

Mercado de vendedores
En un mercado de vendedores, el número de compradores supera en número al de las propiedades disponibles para la venta. Los niveles de inventario suelen ser menor a tres meses. Las guerras de ofertas son comunes debido a la escasez de inventario. En este mercado, los vendedores tienen el sartén por el mango durante las negociaciones. Los vendedores están en posición de exigir ofertas de precio completo sin concesiones, eliminar la cláusula de contingencia de la valuación, o negarse a hacer reparaciones, etc.

Mercado de compradores

En un mercado de compradores, el número de propiedades en venta supera al número de compradores. Las casas permanecen en venta durante un largo período de tiempo, los niveles de inventario generalmente superan los seis meses. En este mercado, los compradores se vuelven selectivos, exigentes y esperan que los vendedores sean flexibles en cuanto a precios y concesiones.

Si no está seguro de cuál es el estado de su mercado local de bienes raíces, pregunte a su agente. Utilice esta información para crear una estrategia de venta. Cuando esté analizando el mercado, intente dividirlo en segmentos que sean similares al rango de precios, ubicación y el tipo de propiedad que esté vendiendo. Es posible que vea un mercado con menos de tres meses de inventario en viviendas unifamiliares individuales, y al mismo tiempo tenga ventas de terrenos con niveles de inventario que se aproximen a los dos años.

Capítulo 18

¿POR QUÉ MI PROPIEDAD NO SE VENDIÓ?

Esta es la pregunta del millón de dólares, cada propiedad es diferente, cada mercado es diferente y hay una multitud de factores involucrados; descubrir el por qué su propiedad no se vende o no se vendió, requiere un poco de investigación. Si su propiedad no se vendió o ha estado estancada en el mercado durante un largo período de tiempo, debe ser honesto en su análisis. Los siguientes son pasos simples para ayudarle a descubrir las posibles causas.

¿La propiedad está teniendo visitas?
Si no recibe ninguna visita, tiene tres causas principales: falta de una buena propaganda, atractivo exterior deficiente o un precio demasiado alto.

Si su propiedad está listada en el MLS (Multiple Listing Service), asegúrese de que todas las características de esta se mencionen en el folleto de propaganda. El MLS es la herramienta de propaganda más eficaz, disponible para los agentes de bienes raíces, muestre las características de su propiedad en esta plataforma e incluya muchas fotos. Hoy en día los compradores usan la internet como medio principal de buscar propiedades. El incluir varias fotos, ayuda para atraer la atención de los compradores.

El atractivo exterior es su oportunidad de causar una primera impresión. Cuando un comprador vaya a ver su casa, dará un vistazo rápido al exterior y en ese momento decidirá si entrar a ver el resto de su casa, o brincarse a ver la próxima propiedad.

El tercer factor es el precio, si su casa tiene un precio excesivo, no formará parte de la lista de visitas del comprador. Pídale a su agente que vuelva hacer un análisis de precio y si es necesario ajuste el precio de la propiedad.

Otro factor podría ser la comisión ofrecida al agente del comprador. Si está ofreciendo una comisión más baja que las demás propiedades, esto podría desalentar a esos agentes de hacer un esfuerzo por mostrar su propiedad, podrían colocarla al final de la lista y solo enseñarla después de que el agente haya agotado todas las demás opciones.

¿Está obteniendo interés, pero no visitas?
Si usted o su agente están recibiendo llamadas para preguntar por la propiedad, pero no dan seguimiento con visitas a la propiedad, los posibles problemas podrían ser la disponibilidad o el atractivo exterior. Adáptese a los horarios de los compradores tanto como le sea posible y asegúrese de crear un atractivo exterior para convencer a los compradores de pasar al interior.

¿Está teniendo visitas, pero no hay ofertas?
A primera vista, la propiedad podría tener un precio comparable al de otras propiedades similares, pero una inspección más detallada podría revelar que las otras propiedades están en mejores condiciones. Haga un recorrido de las propiedades de la competencia para investigar cómo se compara su propiedad con estas. Tenga en cuenta que los

compradores se convierten en analistas expertos mientras están comprando una propiedad. Si han visitado su casa y no han enviado una oferta, necesita investigar la razón detrás de este hecho. Pídale a su agente que obtenga comentarios de los compradores, podría ser algo simple lo que está evitando que los compradores den el siguiente paso.

¿Está recibiendo ofertas, pero no se concreta en contratos?
Si tiene compradores dispuestos a invertir su tiempo en escribir una oferta, solo para retirarse durante las negociaciones; vaya hacia atrás y examine cada escenario, analice el por qué están retrocediendo y modifique su estrategia de negociación. Podría ser que esté siendo inflexible durante las negociaciones, o que tal vez haya un gran número de propiedades disponibles, donde los compradores estén escogiendo las mejores entre estas. Sea honesto en la forma que aborde su análisis y encuentre las posibles causas por las que no puede obtener un contrato.

¿Obtiene contrato, pero se cancela antes de cerrar la venta?
Pregúntese por qué se están cayendo los contratos. ¿Es por compradores que no logran conseguir el préstamo hipotecario?, si es esta la razón, examine a los compradores con más cuidado. Llame al banco o prestamista del comprador antes de aceptar la próxima oferta, haga preguntas acerca de la capacidad financiera u puntaje crediticio del comprador.

Si los contratos se caen debido a una contingencia que está bajo su control, es posible que pueda corregirlo. Si el contrato se está cayendo debido a la contingencia de la valuación, eso significa que el mercado no está de acuerdo con su opinión del precio fijado. Es posible que tenga que esperar a que ese comprador especial se enamore de su propiedad y esté dispuesto a pagar por encima del precio del mercado.

Si se está cayendo durante el período de inspección, entonces tiene opciones disponibles; sea abierto y directo con respecto a los posibles problemas, esto mantendrá las expectativas del comprador alineadas con la condición de la casa. Otra opción es reparar esos elementos en cuestión u ofrecer crédito al comprador al momento del cierre, para que ellos puedan repararlos por sí mismos. La ventaja de ofrecer crédito al cierre es que no gastará dinero en reparaciones, sin ninguna garantía de que la transacción se cierre, al ofrecerle al comprador un crédito usted solo pagará si la transacción se cierra.

Muchos vendedores tienen sus propias percepciones del mercado de bienes raíces según lo que ven en las noticias, pero cuando se trata de vender su propiedad, tenga en cuenta que el mercado inmobiliario es local. Pregunte a su agente de bienes raíces cuáles son las tendencias del mercado según la ubicación geográfica, el tipo de propiedades y segmentación de precios. Identifique posibles obstáculos que impidan la venta de su propiedad, póngase en el lugar del comprador, sea crítico y objetivo. Piense en cualquier problema o factor que pueda disuadir al comprador de comprar su propiedad.

El proceso de venta de una propiedad puede parecer frustrante y confuso, infórmese del proceso para estar un paso adelante. Le deseo la mejor suerte y espero que este libro le sea útil.

Glosario

Agente de bienes raíces / Agente de ventas
El vendedor de bienes raíces con licencia que representa a compradores o vendedores.

Agente de listado
El agente de ventas de bienes raíces que representa a los vendedores de una propiedad, a través de un acuerdo de listado.

Agente del comprador
Agente de ventas que representa al comprador en una transacción.

Agente doble
Una persona con licencia estatal que representa tanto al vendedor como al comprador en una sola transacción.

ALTA
Asociación Americana de Títulos de Tierra. Organización compuesta por compañías de seguro de título que establecen estándares para la industria, incluidos los formularios de pólizas de seguro de títulos utilizados a nivel nacional.

Comparativos (Comps)
Un estudio realizado por agentes de ventas de bienes raíces, que utilizan propiedades similares que han sido vendidas recientemente, propiedades actualmente en venta y propiedades bajo contrato.

Apreciación
Incremento en el valor de una propiedad durante un período de

tiempo.

Bajo contrato
Una propiedad que tiene un contrato de bienes raíces aceptado entre el vendedor y el comprador.

Listado Expirado / Caducado
Un listado de propiedad que ha caducado según los términos del acuerdo de listado.

Caja de seguridad para llaves
Una herramienta que permite el almacenamiento seguro de las llaves de una propiedad en las instalaciones para uso de los agentes. Es una caja de metal que usa una combinación digital conectada a una base de datos con la capacidad de mantener archivos de los agentes que tuvieron acceso a la misma.

Carga contra la propiedad
Una reclamación, derecho o gravamen sobre el título de una propiedad, en poder de alguien que no es el propietario de la propiedad.

Cierre de plica / Cierre de venta
La fecha en que los documentos son registrados y el título pasa del Vendedor al Comprador.

CLUE (INFORME CLUE)
CLUE (Intercambio Integral de Suscripción de Pérdidas) es la base de datos nacional de la industria de seguros que asigna una puntuación de riesgo a las personas. CLUE también tiene un archivo electrónico de un historial de seguro de propiedades. Estos archivos son accesibles por las compañías de seguros a nivel nacional. Éstos podrían afectar la capacidad de vender propiedades, ya que podrían

contener información que un posible comprador podría considerar objetable y, en algunos casos, ni siquiera asegurable.

Comisión
La compensación pagada por el vendedor a el agente que lo representa en la venta, y también al agente que representa al comprador.

Comisión fija
Una cantidad predeterminada como compensación recibida o pagada por un servicio específico en una transacción de bienes raíces.

Aprobación de préstamo
Un documento escrito que indica que la compañía hipotecaria ha acordado prestar al prestatario una cantidad específica de dinero a una tasa de interés y por un período de tiempo específico. El compromiso de préstamo también puede contener condiciones en las que se base el compromiso de préstamo.

Convenios, condiciones y restricciones
Este término se refiere a las reglas, convenios, restricciones y condiciones establecidas en un grupo de propiedades residenciales, por un constructor de condominios o viviendas. También se le conoce como reglas de HOA (Home Owners Association).

Costos de cierre
Gastos, tarifas, pagos anticipados asociados con la compra y venta de una propiedad.

Costos de cierre del préstamo
Los gastos que un prestador cobra para cerrar un préstamo del prestatario. Estos costos varían de prestamista a prestamista y de programas hipotecarios.

Cuenta de fideicomiso para impuestos y seguros inmobiliarios
Una cuenta en la que los prestatarios pagan prorrateos mensuales por impuestos a bienes raíces y seguros de propiedad.

Atractivo Exterior: Curb appeal
El impacto visual de una propiedad proyectado desde la calle.

Depósito de garantía
El dinero entregado al vendedor en el momento en que se hace la oferta como un signo de buena fe del comprador.

Días en el mercado (DOM)
El número de días que una propiedad ha estado en el mercado.

Egreso
El derecho de tránsito o derecho de paso sobre una propiedad, que le permite a una persona abandonar o salir de su propiedad.

Ejecución hipotecaria
Un procedimiento legal para el cobro de hipotecas de bienes raíces y otros tipos de gravámenes sobre bienes raíces. Por lo general implica una venta judicial de la propiedad para pagar la deuda hipotecaria.

Venta de dueño a dueño (FSBO)
Una propiedad que está a la venta por el propietario de la propiedad, sin utilizar un agente de bienes raíces para representarlo en la venta.

Enmienda o anexos al contrato
Un cambio para alterar, agregar o corregir parte de un acuerdo u contrato sin cambiar los términos no mencionados.

FHA
Administración Federal de Vivienda.

Gravamen
Una obligación documentada en contra de la propiedad como garantía de pago de una deuda. Dicha responsabilidad puede ser creada por medio de un contrato, como una hipoteca, o por una operación de ley, como un gravamen mecánico.

Gravamen mecánico
Un gravamen sobre una propiedad, creado por el funcionamiento de la ley, que asegura el pago de las deudas contraídas con personas que realizan trabajos o servicios o que suministran materiales relacionados con la construcción de edificios y mejoras a la propiedad.

Incumplimiento de contrato
Incumplimiento de un contrato, en todo o en una parte.

Ingreso
El derecho o permiso de entrada; Derecho de paso a la entrada a través de la tierra adyacente.

Intercambio 1031
El intercambio diferido de propiedades que califica para propósitos de impuestos como un intercambio con impuestos diferidos.

Intrusión
La extensión de una estructura desde la propiedad a la que pertenece, a través de una línea límite y hacia una propiedad contigua.

Lis Pendens
Una demanda pendiente. Un aviso de lis pendens es un aviso legal para el mundo en general de que hay una demanda pendiente.

Visitas acompañadas
Son aquellas muestras donde el agente de listado debe acompañar al agente y a sus clientes para ver una propiedad.

Nube en el título (Cloud on title)
Una irregularidad, posible reclamo o gravamen que, de ser válido, afectaría o perjudicaría el título.

Oferta de compra
Cuando un comprador propone ciertos términos y los presenta al vendedor.

Ofertas múltiples
Cuando más de una oferta son recibidas en una propiedad, y se negocian al mismo tiempo.

Pago de enganche
La cantidad de efectivo puesto para una compra por parte del prestatario.

Recorrido final
Una muestra antes del cierre o plica que permite al comprador una visita final de la propiedad que está comprando.

VA
Departamento de Asuntos de los Veteranos de los Estados Unidos.

Valoración
Una estimación del valor de una propiedad como resultado del análisis de hechos sobre la propiedad por un valuador autorizado. Una opinión de valor en un punto específico en el tiempo.

Venta "Tal y como está"

Un contrato o cláusula de oferta indicando que el vendedor no reparará ni corregirá ningún problema con la propiedad.

Venta pendiente

Un contrato de bienes raíces que ha sido aceptado en una propiedad, pero la transacción no se ha cerrado.

Sobre el autor

Mi nombre es Luis Carrasco. Soy un agente de bienes raíces con licencia en Arizona desde el 2005. Actualmente estoy trabajando con Re/Max Professionals, catalogada entre las mejores compañías de bienes raíces en Arizona. También he tenido licencia en Colorado con Your Castle real estate. Disfruto trabajar en bienes raíces y ayudar a las personas a tomar una de las decisiones más importantes en sus vidas. Considero que mi trabajo no solo es ayudar a mis clientes a vender o comprar sus propiedades, sino también a educarlos en el proceso. Tengo fluidez en inglés y español. Puedo ayudarlo en los desafíos únicos del idioma que un cliente de habla hispana encuentra al comprar o vender su propiedad.

Espero que haya disfrutado el libro y que se haya convertido en un mejor vendedor, mejor inversionista, mejor negociador o mejor comprador de propiedades.

Si usted está buscando vender o comprar una propiedad en Arizona,
por favor póngase en contacto conmigo

Luis Carrasco
Re/Max Professionals
soldbycarrasco@gmail.com
www.soldbycarrasco.com
602-643-8224

www.ingramcontent.com/pod-product-compliance
Lightning Source LLC
Chambersburg PA
CBHW072015230526
45468CB00021B/1565